VENTE DU VENDREDI 22 MAI 1914 — HOTEL DROUOT

COLLECTION E. DE M.

EX-LIBRIS FRANÇAIS

HÉRALDIQUES

ANCIENS ET MODERNES

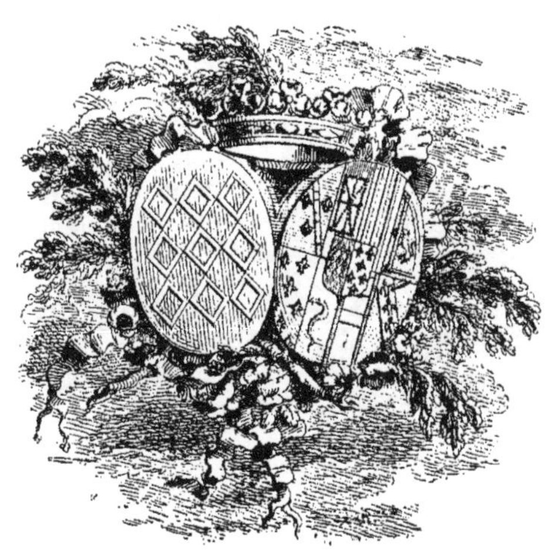

Mᵉ ANDRÉ DESVOUGES, Commissaire-Priseur.

MM. SAFFROY FRÈRES, Experts. - - - - -

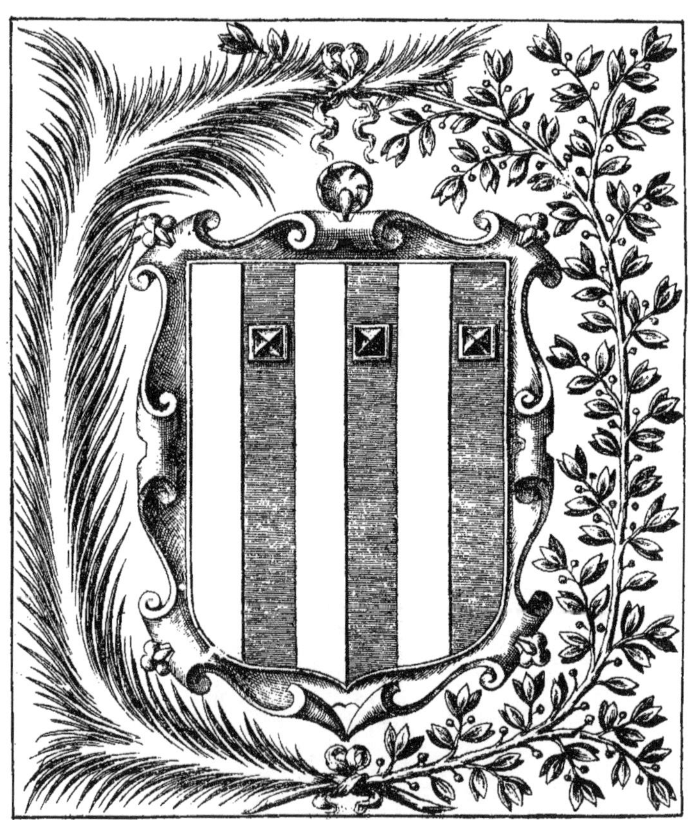

N° 3 du Catalogue.

LA ROCHE-SUR-YON. — IMPRIMERIE CENTRALE DE L'OUEST

EX-LIBRIS FRANÇAIS

LA VENTE AURA LIEU

LE VENDREDI 22 MAI 1914

à 2 heures ¹/₂ précises du soir

SALLE N° 8, HOTEL DROUOT

Par le ministère de Mᵉ André DESVOUGES, Commissaire-Priseur

26, rue de la Grange-Batelière, 26

Assisté de MM. SAFFROY Frères, Experts

EXPOSITION

DU LUNDI 11 AU MERCREDI 20 MAI INCLUS

à la Librairie SAFFROY FRÈRES, 73, Grande-Rue; Villa n° 23

au Pré Saint-Gervais (Seine)

CONDITIONS DE LA VENTE

La vente se fait expressément au comptant.

Les acquéreurs paieront 10 pour cent en sus des enchères.

Les experts chargés de la vente rempliront les commissions des personnes qui ne pourraient y assister.

Les reproductions illustrant ce catalogue sont de la dimension exacte des originaux.

CATALOGUE

DE LA

COLLECTION D'EX-LIBRIS

FORMÉE PAR

M. E. DE M.

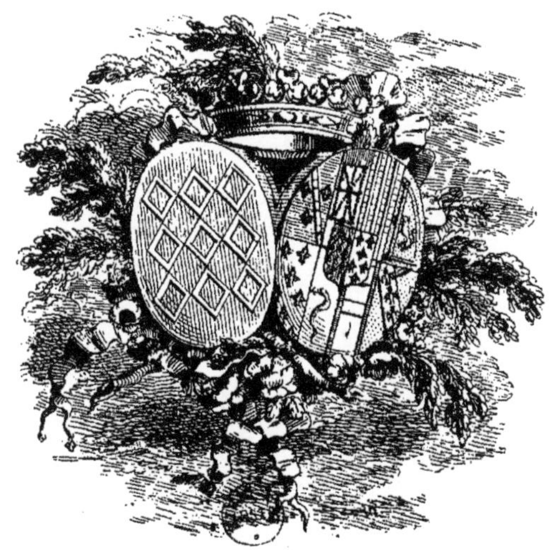

Nº 221 du Catalogue.

LE PRÉ SAINT-GERVAIS
(Seine)
SAFFROY FRÈRES, Libraires
73, GRANDE-RUE, 73

—

1914

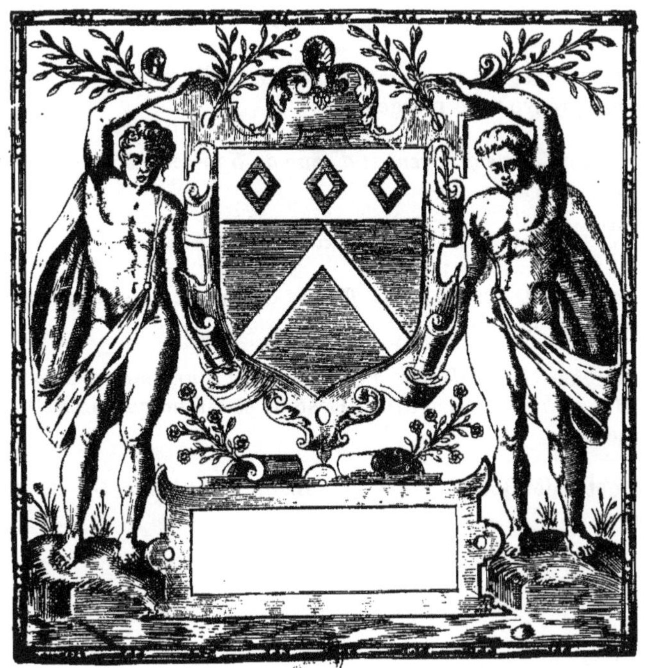

OHSANNE, en Berri.
N° 18 du Catalogue.

EX-LIBRIS FRANÇAIS

XVIIᵉ SIÈCLE

1. **Amiens**. Chanoines réguliers de Saint-Jean d'Amiens, Ordre des Prémontrés, 1684. *D. F. fe.*

2. **Anonyme**. *Parti au 1, d'azur au lion d'argent acc. d'une étoile en chef ; au 2, de sinople au cœur acc. d'une étoile en*

chef; un chevron brochant sur le tout. Jolie pièce in-4, superbe épreuve avec marges.

3. **Anonyme.** *Palé d'argent et d'azur de 6 pièces à 3 diamants chargeant l'azur.* In-4.

> Rare.
> Voir la reproduction au dos de la couverture du catalogue.

4. **Anonyme.** *D'azur à trois fleurs.* Casque et lambrequins. Jolie pièce in-4.

5. **Anonyme.** *Ecartelé aux 1 et 4 d'argent à une étoile, aux 2 et 3 d'azur à une coquille.* Casque et lambrequins. Belle pièce in-4.

6. **[Bigot]**, de Rouen. — L.-E. Bigot. Gravé par *D. B.* 2 pièces.

7. **[Boivin]**, en Normandie.

> Voir reproduction page 7.

8. **[Boussac]**, en Limousin.

9. **[Brodart]**, en Champagne. Gravé par *J. Collin*, de Reims.
> Rare.

10. **[Chevrière de Paudy]**.

11. **[Comeau]**, en Bourgogne.

12. **Dorizy** (Nicolas), chanoine de Verdun.

13. **[Gauvin]** (Bretagne). In-4.

> Belle épreuve d'un ex-libris très rare.
> Voir reproduction page 8.

14. **Molinier** (Jacques). 1693 à 1750.

15. **[Le Clerc de Lesseville]**, armoiries accolées. Rare.

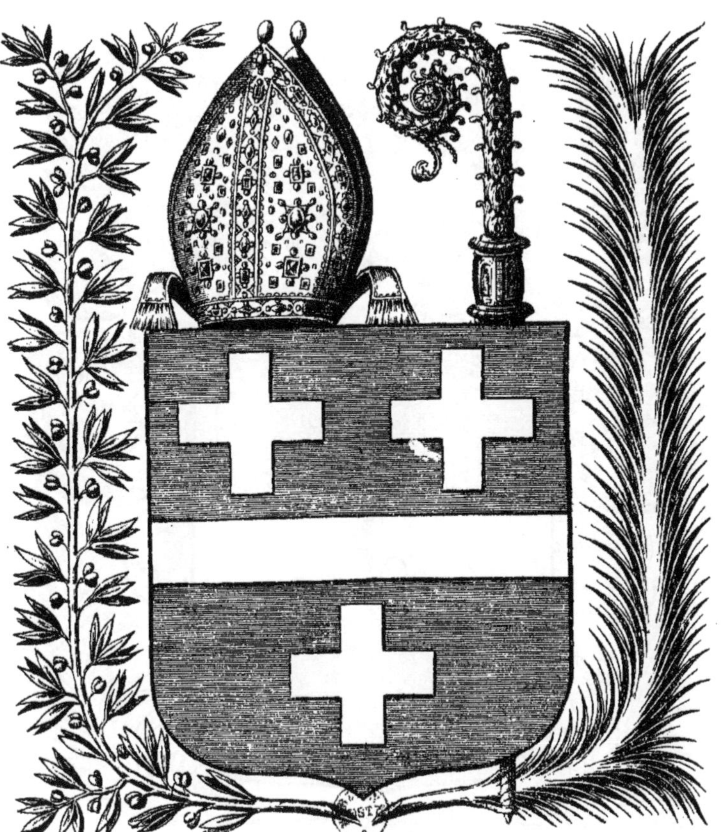

Boivin (Normandie).
N° 7 du Catalogue.

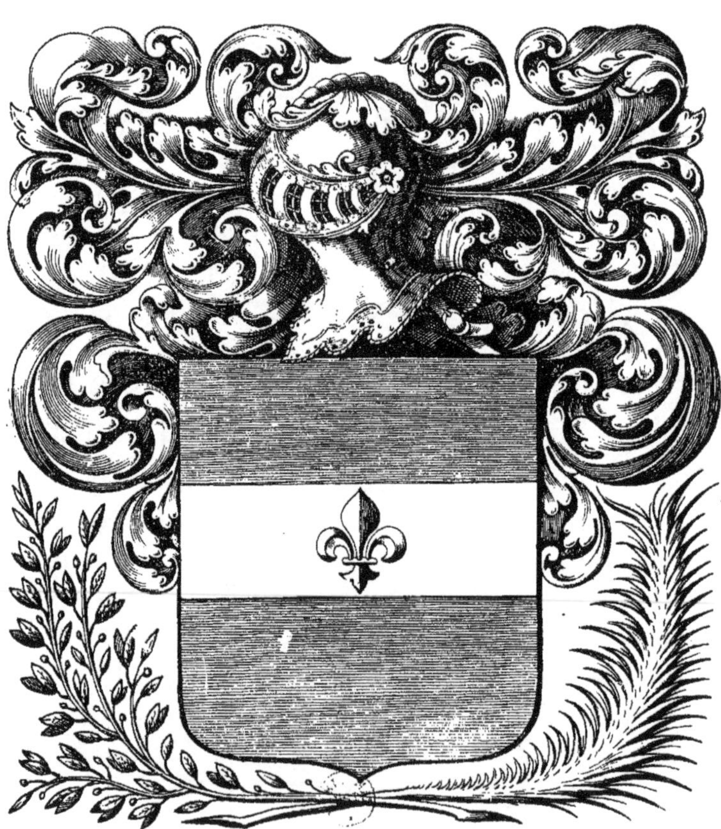

GAUVIN (Bretagne).
N° 13 du Catalogue.

16. [**Mathieu de Moulon**], de Lunéville. Ex bibliot. Ma-
thæiana.

> Épreuve légèrement rognée.

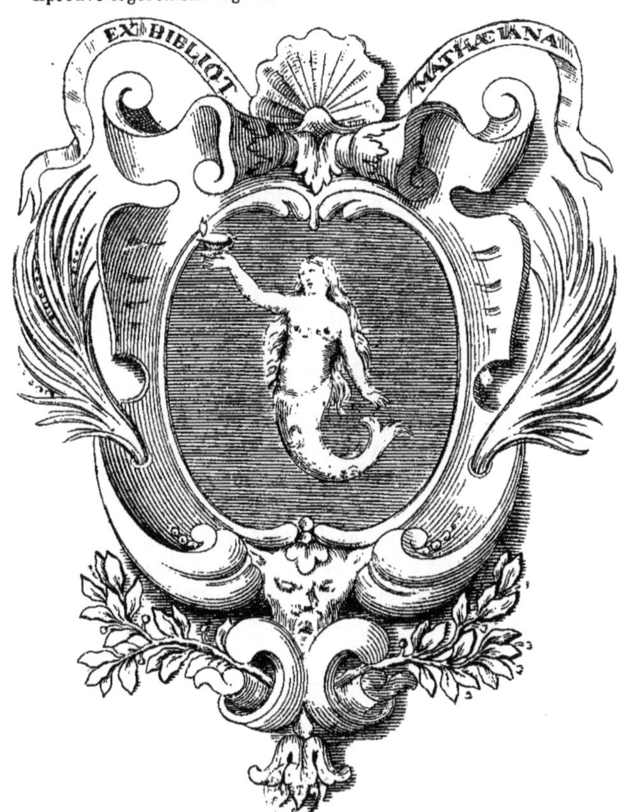

MATHIEU DE MOULON.
N° 17 du Catalogue.

17. — Le même.

> Voir reproduction ci-dessus.

18. [**Orsanne**] (Berri).

> Extrêmement rare.
> Voir la reproduction à la 1re page du texte.

19. [**Tronson**], seigneur du Coudray près Corbeil. Curieuse pièce représentant un paysage. (Probablement gravée par *Albert Flamen*).

20. — Le même.

21. [**Vachon**] (Dauphiné). Ovale. 2 états.

22. **Y de Séraucourt** (Joseph Nicolas de), prêtre du dioc. de Reims, Archidiacre de l'église de Rouen.

XVIIIᵉ SIÈCLE

ALSACE

23. **Abbaye de Lucelle**. — J. B. J. Gobel, évêque de Lydda, variante rare. — Ant. Jeanjean, chanoine de Strasbourg, petite variante. Ens. 3 pièces.

24. **Anonyme**. *Écartelé aux 1 et 4 d'or à la fasce de gueules et aux 2 et 3 de gueules à la croix d'or terminée par des têtes d'aigle de sable*. Croix de Saint-Louis, attributs militaires. Belle armoirie gravée par *J. Striedbeck* à Strasbourg. In-4.

25. **Armoirie** d'un Prince allemand allié aux Saarbruchen (Pays messin). — Autre d'un Prince-évêque allemand. Deux jolies armoiries in-4 gravées par *J. Striedbeck* à Strasbourg.

26. — Les deux mêmes armoiries.

27. **Blessig** (J. L.), prof. Gravé par *Wachsmut* (Intérieur de bibliothèque). — Thomas Lauth. — Paroisse de Walders-bach. — [Vireau de Sombreuil]. Ens. 4 pièces.

28. **Cerf-Berr** (Théodore). — Chevalier de Cressia, capitaine au Régiment de Navarre, gravé par *J. Striedbeck*. — N. Multz. — Blessig, gravé par *Wachsmut*. Ens. 4 pièces.

29. **Du Conte** (B. Al. X.), chanoine de Saint-Pierre de Strasbourg. — Jean Frédéric Kuhn. Deux pièces.

30. **[Frohberg-Montjoie]** (Comte de). — Jacob Reinbold Spielmann. Deux ex-libris gravés par *J. Striedbeck*.

31. **Klinglin** (Ex-libris de M. de), président au Parlement de Metz. *J. Striedbeck fecit Argent.* In-4.

32. **Neêf** (F. L. J. M. J.), gouverneur d'Altkirch.

    Rare.

33. **Vincy** (H. I. V. de), gravé par Ollivault. — [De Vincy], gravé par *Sevin*. Deux pièces.

ANJOU ET MAINE

34. **[Aliney d'Elva]**. Maine.

    Voir reproduction page 12.

35. **Aubigné** (Le chevalier d'). — Jean Trochon, conseiller au présidial du Mans. Deux pièces.

36. **Aubigné** (Chevalier d'). — De Buzelet. — Davy de Chavigné, gravé par *d'Etrouville*, 1771. Trois pièces.

37. **[Du Bellay]**. — [Chamillard de la Suze]. — [Le Monnier de Lorière]. — Négrier de la Crochardière, conseiller au Présidial. — Révérends dominicains du Mans. Cinq pièces dont deux gravées sur bois.

38. **Dumans de Bourg-l'Evêque.**

39. **Evrard de Jouy** (D.), conseiller du Roi, commissaire à Saumur. Armoiries accolées.

40. [**Gaignon de Villaines**], au Maine. Gravé par *Louise du Vivier, femme Tardieu.*

41. [**La Trémouille**] (Princesse de), née de LA TOUR D'AUVERGNE. Gravé par *Tardieu fils.* Belle épreuve.

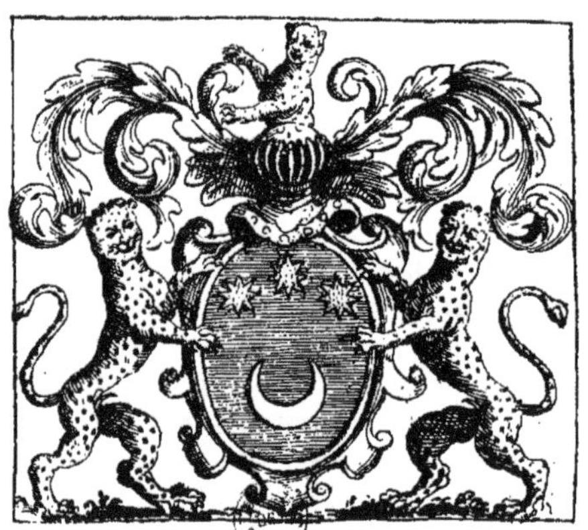

ALINEY D'ELVA.
N° 34 du Catalogue.

42. L'Enfant (L. V. Br.), conseiller du Roi, intendant de Monaco. Curieuse pièce grand in-8.

D'une famille du Maine.

43. Moullin de Vaucillon. Gravé par *Detr*** (sic).

44. Puisaye (Count Joseph de).

Ex-libris du célèbre chef royaliste né en 1754 à Mortagne (Orne), mort en 1827 à Blythehouse (Angleterre).

ARTOIS

45. [**Boulongne de Fréminville**]. — Le chevalier de LA CRESSONNIÈRE, gravé par *Merlot* (à *Saint-Omer*), deux états. — LE-

DUCQ, avocat au conseil supérieur d'Arras. — [De VALI-
COURT], ovale. Ens. cinq pièces.

AUVERGNE ET BOURBONNAIS

46. **[Benaud de Lubières]**. — [DU BUY]. — LABEYRIE DE VIL-
CAR, avocat au Parlement. Ens. 3 pièces.

47. **Boutaudon** (De), gravé par *F. Bu...*, 1647.
> Variante rare.

48. **[Du Breuil]**. — FELICIS DE CHALUT. — [LE GENDRE DE SAINT-
AUBIN]. — [MURAT]. 4 pièces.

49. **Micolon de Blanval** (Joseph), abbé de Beaulieu, prieur de
Saint-Just de Grandmont, chanoine de Clermont.

BERRY

50. **[Bengy de Puyvallée]**. — GONTIER, CHʳ d'AUVILLARS. Deux
pièces.

BOURGOGNE

51. **Anthoine** (J.-B. d'). — P. COCHON. — P. A. CONVERS, par
L. Monnier, 1762. — DAUGY, gravé par *Lagnel*, à Mâcon. —
[DE FAY], imprimeur à Dijon. — Vicomte de LA MAILLAR-
DIÈRE. — Fr. ROCHE, gravé par *Durand*. Ens. 7 pièces.

52. **[Bernard de La Vernette Saint-Maurice]**. — [CHASTELLUX],
gravé par *C. Bérain*. — LOPPIN DE MASSE. — COTHENOT DE
MAILLY. — PETITOT, en noir et en sanguine. — SIRAUDIN,
gravé sur bois. — Claude THIBAULT, gravé par *Monnier*.
Ens. 9 pièces.

53. **[Bordes]**, en Bresse. — [FILZJEAN]. — [LE GENDRE DE
SAINT-AUBIN]. — [LE GRAND DE SAULON]. 4 pièces.

54. Collège de Tournus. — CREMEAUX D'ENTRAGUES. — [PEC-QUOT DE SAINT-MAURICE], 2 états, l'un avec crosse et mitre. — RICHARD DE RUFFEY, gravé par *Scotin*. — RICHARD DE VESVROTTE, par le même, en rouge. — Fran. ROCHE, par *Durand*. — SIRAUDIN, de Mâcon. — [TARIN]. Ens. 9 pièces.

55. Corréard (J. M. A.), médecin. — [CROMOT]. — GALLATIN, gravé par *Robin*. — LARCHER, de Sens. — D. MARGIEC. — PASQUIER DE MESSANGE, 1792. — [TAISAND], gravé par *Le Bossu*. — [VARENNE DE FENILLE], 2 variantes, une signée *Durand*. Ens. 9 pièces.

56. Dumas (Ant. M.), curé du Chauffaille au dioc. de Mâcon. 1757.

57. Guillemart (M.), gravé par *Durand*.
Superbe épreuve. Rare.

BRETAGNE

58. Aubin. — [De BOISGELIN]. — Comte DU PARC. — Hte C. de GINOUX. — P. A. M. LOHIER, de Redon. — Anonyme, avec monogramme C. G. B. Ens. 6 pièces.

59. Brosse-Montendre (Marquis de).

60. Cœtlosquet (Mgr J. G. du), évêque de Limoges.

61. [Faucon de Ris]. — [GAUVIN DE KERASQUER]. — Le Ch[er] GRANGIER. — Chevalier de KERSAINT. Ens. 4 pièces.

62. Guerry (C. T. F. Chevalier de). Gravé par *Ollivault* à Rennes.

63. — Le même.

64. **Hamart de la Chapelle** (Patrice), de l'Académie des Belles-Lettres d'Angers, Docteur agrégé au collège des médecins de Rennes. Gravé par *Grégoire* à Rennes. Curieuse pièce gr. in-8.

65 [**Le Bouthillier de Chavigny**], chevalier de Malte.

66. **Magon de Terlaye**. Gravé par *Durig*.

CHAMPAGNE

67. [**Bachelier**]. — De Bourgongne, gravé par *Roy*. — N. Bergeat, de Reims. — [Chapel], rare. — Ch. A. de Salligny, avocat du Roy à Vitry. Ens. 5 pièces.

68. [**Boutet**], marquis de Maranville. — C. H[erluison], prêtre. — [Piochard de la Brulerie]. — [De Plancy]. 4 pièces.

69. **Brienne** (De), par *C. N. Varin*, 2 formats. (Le petit est rare). — [Brulard de Sillery]. — [Du Raget de Champbonin] (Haute-Marne). — A. J. de Rohan, archevêque, duc de Reims, 2 variantes. Ens. 6 pièces.

70. **Carbon** (J.-L.), chanoine de Reims. Deux variantes.

71. **Coqueley de Chaussepierre**, célèbre avocat né à Bar-sur-Seine.

72. — Le même.

73. **Le Leu d'Aubilly**, gravé par *Delaitre*. — M. Mathieu, président, état rare. Deux pièces.

74. **Peterinck** (J. B. S.).

DAUPHINÉ

75. [Marquis d'**Albon**]. — Couvent des Frères Prêcheurs de
GRENOBLE. — Antoine de GUMIN. 3 pièces.

76. [**Chandieu**]. Candiacensis bibliothecæ.

77. **Conte**. — [MONTEYNARD]. — Marquis de PINA DE SAINT-
DIDIER. — M. DE SAINT-JULLIEN. 4 pièces.

78. **Grenoble** (Couvent et collège des Frères Prêcheurs de). —
[PRUNIER DE SAINT-ANDRÉ]. — [De SAINT-JULLIEN]. 3 pièces.

79. **Quinsonnas** (Marc-Joseph de). 3 variantes.

FLANDRE ET PAYS-BAS

80. [**Béthune**]. Gravé par *Delcourt fils* à Tournay. — M. R.
DOUCET, prêtre. — CLEENEWEREK DE CRAYENCOUR, par *Hel-
man*, 1768. — [VAN MOLS], d'Anvers. — [VAN DEN MERSCH].
— NICOLE, conseiller, épreuve tirée en vert. — [VERANNE-
MAN], par *N. Heylbrouck*. Ens. 7 pièces.

81. [**Blondel d'Aubers**], accolé de CALONNE. — N. F. DE DOUAY
DU PREHEDREZ. — [DIXMUDE DE MONTBRUN]. — [LE POTIER].
— [VAN DEN MERSCH]. Ens. 5 pièces.

82. [**Calonne**], Président au Parlement de Flandre.
Variante peu commune.

83. **Casteelle** (M. de), Président au Parlement de Flandres.

84. **Constan** (Car. Jos.), Médecin de l'Université de Douai.

85. **Delepierre de Ligny**, gravé par *Merché*. — GHESQUIÈRE
DE LIMBRECK. — P. JACOPS D'HAILLY. — Séraphin MALFAIT,
gravé par *Duzig*. — [Van Mols]. — Baron de WARENGHIEN

(vers 1840). —WARENGHIEN DE FLORY, gravé par *Danchin*
à Cambray. 7 pièces.

86. **Doncquer** (N. F.). — FROMENT, gravé par *Bis* à Douay.
— [DE LA MARCK]. — J. F. G. LE PRÉVOST DE BASSERODE.
— [VERQUÈRE]. — [ZYLOFF DE STEENBOURG]. Ens. 6 pièces.

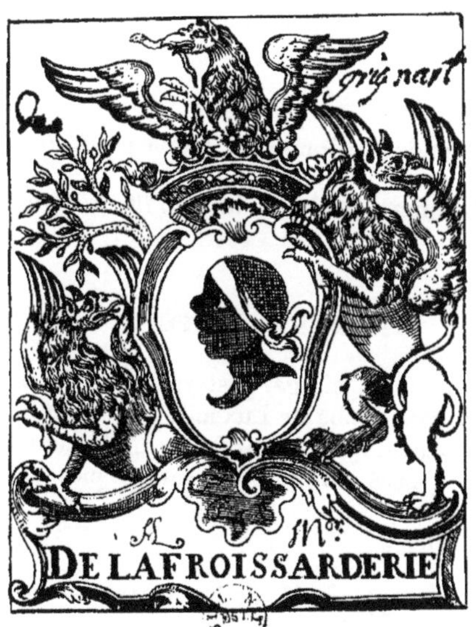

GRIGNART DE LA FROISSARDERIE.
N° 88 du Catalogue.

87. **Estays de Bollogne** (Fr.), Chanoine de Cambrai.

88. **[Grignart]** DE LA FROISSARDERIE.

Voir reproduction ci-dessus.

89. **Gottignies** (Baron de). — Anselme VAN DEN BOGAERDE.
(Curieuse pièce avec le portrait du titulaire), 1827. —
[VERANNEMAN], de Bruges. Gravé par *N. Heylbrouck*. Ens.
3 pièces.

90. **Douai** (Académie de). Gravé sur bois. Rare.

91. **Raparlier** (M.). Gravé par *Derond*.

92. **Lille**. A l'Hospital Comtesse, 1753. Gravé par *Merché*.

93. **Nelis** (Corn. Franc. de), Évêque d'Anvers. Gravé par *P.-F. Tardieu*.

    Épreuve rognée.

94. **Sainte-Aldegonde** (Le Comte de). Gravé par *Helman*, 1771.

95. **Val Saint-Lambert** (Abbaye du), 1779. Gravé par *H. Godin*.

    Très rare.

FRANCHE-COMTÉ

96. [**Andelot** (D')], in-4, tirage postérieur. — G. L. A. de Clermont-Tonnerre, abbé de Luxeuil. Gravé par *Viotte*. — Sauveur Le Vacher, prêtre (rare). — L. Vacher, curé de Viteaux, 1768. Gravé par *Monnier*. Ens. 4 pièces.

97. [**Labbey de Billy**].

98. [**Le Bas de Girangy**]. — M. de Novillars. — M. de Maucler (ex-libris militaire). 3 pièces.

GUYENNE ET BÉARN

99. [**Angosse**]. — Duc Lachapelle, de Montauban. — La Porte, vicaire général de Bordeaux, 2 formats. — M. A. Lavaïsse, médecin de Mur-de-Barès, 2 pièces en noir et en sanguine. — [Mesplez]. — [Patau]. — De Polverel, gravé par *Pallière*. 9 pièces.

100. [**Boudon de Saint-Amans**], 3 variantes. — Johanne de Saumery de la Carre. — [Mesplez]. — De Thilorier, gravé par *A. Lavau* à Bordeaux. 6 pièces.

101. [Galard-Béarn (De)].

Charmante pièce peu commune.

102. Jaubert (Guill.-Aug.), évêque de Saint-Flour, (né à Condom en 1752, curé de N.-D. de Bordeaux).

ILE DE FRANCE — PARIS

103. Bergiron (Antoine). — J. G. J. BOSCHERON, gravé par *Berthault*. — JOLY. — N. F. B. LE SAGE. — F LE SUEUR. — PARAT DE CHALANDRAY, rue de l'Université à Paris. Gravé par *Berthault*. — B. G. ROLLAND. — Citoyen Marc-Etienne VILLIERS. 8 pièces.

104. Besnier (Pierre-Ambroise), écuier, avocat en Parlement. Gravé par *Thomassin*.

105 — Le même.

106. Billy (Comte de). — BROCHANT DU BREUIL. Gravé par *Mathcy*. — COUVENT DE SAINT-LAZARE DE PARIS. — Ant. CHEVALIER (ex-dono à la Congrég. du Mont-Valérien), 1730. — [HUREL]. — THIERRY de VILLE-D'AVRAY. Gravé par *Collinet*. — Marie VARLET, Evêque de Ba...lone. — Congrégation de la Mission de VERSAILLES. Ensemble 8 pièces.

107. Billy (Comte de), accolé de FAVIÈRES. — [FAVIÈRES]. — N. J. FOUCAULT, 4 états. — LEMOINE, instituteur de la Jeune Noblesse. — Jean-Armand TRONCHIN. Gravé par *P.-P. Choffard*, 1779. — [TRUDAINE]. Gravé par *Berthaud*. Ens. 9 pièces.

108. Boula de Paris. — CHOART, Président de la Cour des Aydes. — COLLÈGE D'HARCOURT (Ex-dono Fortin). — COLLIN. — [Le PELETIER DE SAINT-FARGEAU]. — MARIN. — Ant. MORIAU. — J. B. MORIN. — SAINT-MARTIN-DES-CHAMPS, ordre de Cluny. 9 pièces.

109. Bordier (J.-E.). — Ch. Coste de Champeron. — L. P. d'Hozier. — I. N. Le Noir. — Maynon de Farcheville. — [Rigoley]. — B. G. Rolland, 1764. 8 pièces.

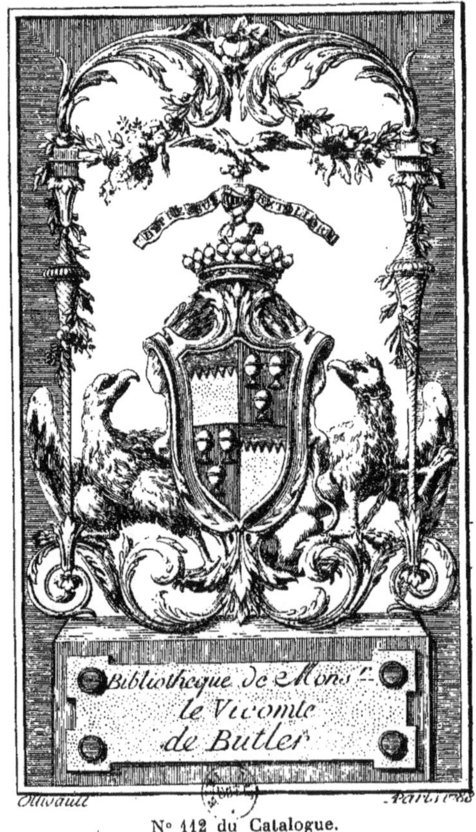

N° 112 du Catalogue.

110. Brallet (J.-Fr.). Gravé par *J. Gamot*. — Talegrand (joli chiffre). Deux pièces fort bien gravées.

111. Brongniart (A.-L.), Pharmacien de la Faculté de Paris.

112. Butler (Le Vicomte de). Gravé par *Ollivault*, à Paris, 1788.

> Belle épreuve d'un ex-libris très rare.
> Voir reproduction ci-contre.

113. [Charpentier de Beauvillé].

114. Corbet, architecte et Inspecteur des Bâtiments de la Ville de Paris. — ESTIENNE, sgr de Tansonville et de Sainte-Colombe. — Ambroise HOISNARD. — A. A. G. MITIFFEU. — Nicolas ROSÉ DE CHAMPAVERT. 5 pièces.

115. Doyen (A.-F.). — P. JUVENAL GALLOIS, sgr de Belleville. Gravé par *Branche*. — LALIVE DE JULLY. — M. de MONTHIERS. — SAULOT DE BOSPIN, administrateur général des Domaines, (variante rare). Ens. 5 pièces.

116. France (Madame Victoire de). Gravé par *C. Baron*.

117. Huquier (J.-G.), célèbre graveur. Gravé par lui-même.

118. Malaval (Abraham), chirurgien parisien. Charmante pièce dans le goût de *Watteau*.

119. [Moron], au pochoir. — [MORON], accolé de DE VIN. 2 pièces.

120. Saint-Aubin (Germain de). Ex-libris à la devise *Legendo*. — J. B. GLOMY, 1741. Gravé par lui-même. Deux pièces.

LANGUEDOC

121. Anonyme, gravé par *Arthaud* (graveur à Toulouse). — Fr. Tr. de CAMBON. Gravé par *J. Mercadier*, in-8. — Mgr DILLON, archevêque de Narbonne, sans marge. — Bernard DUFAU. — [De LAGORRÉ], chanoine de Toulouse. — Marquis de LA VALETTE. Ens. 6 pièces.

122. [Benoist], de Toulouse. — De FAVENTINES DE FONTENILLE. Gravé par *P. L. Cor.* — [FONTAN]. — De LA COLOMBE D'ARTITE. — [De VIGNOLLES]. 5 pièces.

123. **Belissen** eques. — [BUISSON]. — Abbé de LA FARE. — [PRADIER D'AGRAIN]. — A. G. VICHET, de Montpellier. Gravé par *Tubert*, in-8. Ens. 5 pièces.

124. **Cambon** (Fr.-Tr. de), évêque de Mirepoix. Gravé par *J. Mercadier*. — FARJON. Gravé par *Tubert*. — J. Gr. LAUSSAT, par *Baour*. — Comte de MONLAUR. — Al. Gr. VICHET, 2 formats, l'in-8 gravé par *Tubert*. Six pièces.

125. **Joubert** (M. de), Trésorier des Etats du Languedoc. Jolie pièce gravée par *Chalmandrier*. — Le même ex-libris, état différent : « *Président en la Cour des Comptes, Aydes et Finances de Montpellier.* » — Autre, gravé par *Maugein*. Ens. 3 pièces.

126. **Lajard**, trésorier de France. Petite pièce rare.

127. **Ollivier** (André), prêtre. Gravé par *Chalmandrier*. — [Mgr de TUBIÈRES DE CAYLUS], évêque d'Auxerre. — [Duc d'UZÈS]. 3 pièces.

LORRAINE

128. [Briot]. Gravé par *F. Janinet.*

129. **Du Pont de Romémont.** — Cl. L. B. JACQUEMIN. Gravé par *J. C. François*, 1739. — LA SALLE DE VILLEAUVAL. — M. ROEDERER, 2 états. Ens. 5 pièces.

130. **Gironcourt** (A.-B. de), sgr de Gremifontaine. Gravé sur bois. — Robert JEHANNOT de BEAUMONT, lieutenant général au Baillage de Verdun, 1742. Gravé par *Allin*. — [LÉOPOLD], sgr de Corny, gouverneur de Vic. — [OGIER de SPÉVILLE], 2 formats. Ens. cinq pièces.

131. **Guillaume de Vendières**, sgr de Noyers, procureur général à Bar. — [De Mahuet]. — [De Marcol]. Ens. 3 pièces.

132. [**La Vallée**] (L. A. de), capitaine au Régiment d'Orléans-dragons, commandeur de l'ordre de Malte. Gravé par *Rose*.

> Rare en tirage ancien.

133. **Millet de Chevers**. — Riston. — Thibault, Procureur général de la Chambre des Comptes. 3 pièces gravées par *Collin*.

134. **Mollevaut** (S.). Gravé par *Collin*. — Autre sans la signature. — Le même, gravé par *Ranson*. Ens. 3 pièces.

135. [**Pernet**] (Jacques), comte de Pernet-Blécourt, chevalier de Saint-Louis.

> Rare en tirage ancien.

136. **Pont-à-Mousson**. Bibliothèque de l'abbaye Sainte-Marie Majeure. Gravé par *Nicole* à Nancy, 1751. In-8 à toutes marges.

137. — Le même.

138. [**Poutet**], sgr de Vitrange, président à mortier au Parlement de Metz.

> Rare.

LYONNAIS

139. **Adamoli** (Pierre), 1733. — Chanorier. Gravé par *De La Laune*. — Cl. Delafont d'Aubonne. — Cl. G. Le Clerc, 1806. — F. Morel d'Epeisses. Ens. 5 pièces.

140. **Bovéron** (P.). — [Cholier de Cibeins]. — Courtin de Tanqueux, 2 variantes. — De Tardivon, prieur de la Platière. — De Vaurion. Ens. 6 pièces.

141. [**Claret de Fleurieu**]. 2 variantes dont une rare. — L. Cl.

Dugad. — D. Rozier. Gravé par *Billé*. — [De Viry]. Gravé par *Wasset*. Ens. 5 pièces.

142. Comtes de Lyon. — [Morel d'Epeisses], in-4. — Et. G. Perrichon de Vandeuil. 2 variantes. — Ens. 4 pièces.

143. Fulchiron (J.). — Amat. Gab. Fulchiron. 2 pièces.

144. [Gayardon], comte de Gresolles, capitaine aide-major de cavalerie. Gravé par *Marie-Anne Sainctelette* à Verdun, 1774. — [Hubert de Saint-Didier]. — [Jolyclerc]. — [Thomé]. — Ens. 4 pièces.

145. La Chapelle (D. P. G. de). Charmante pièce gravée dans le goût de *Fr. Boucher*.

146. Lyon. Couvent des Carmélites, 2 états. — Jacques Mey, sgr de Chales. Gravé par *Mandonnet*. — Léonard Michon. — Sauzey, avocat. Intérieur de bibliothèque. — [De Viry]. Gravé par *Wasset*. — Ens. 6 pièces.

147. Morand (J.-Aut.), architecte. Gravé par *De Lafosse*, 1752, d'après *Mettay*.

Tiré en sanguine, épreuve un peu pâle.

148. Riboud (J.-B.).
Rare.

NIVERNAIS

149. [De Lamoignon]. — Flamen d'Assigny, Cons. auditeur des Comptes. — [Comte de Saint-Verain]. — Ens. 3 pièces.

NORMANDIE

150. Asselin (Jacques), prêtre. — P. Bulteau de Préville. Gravé par *P. Giffart*, 2 formats. — [Descorches], Marquis de Sainte-Croix. — Fr. Le Bret. Ens. 5 pièces.

151. Bigot de Graveron de La Turgère. — [Fouquet de Bel-
leisle]. — P. D. Huet, évêque d'Avranches. Petit format. —
Le cômissaire Le Seigneur. — L. E. Midy. Gravé par *Gouël*
— A. L. E. Midy de La Grainerais. Gravé par *Dorothée
Jacques*. — [Orléans de Longueville], dit l'abbé de Rothe-
lin. Ens. 7 pièces.

152. Boitet de Richeville. — Ch^{er} Busquet. — L. F. du Chemin.
Ch^{er} Seig. de la Tour, commandant pour le Roy à Saint-Lô
(Armoirie écartelée de Jeanne d'Arc). — Lemoyne de Bel-
lisle. — Pontus, avocat en Parlement. Ens. 5 pièces.

153. Champcenetz (Quentin de Richebourg, Marquis de). —
[De Motteville] « Ex-libris Castelli Anisii. » — [Huguet
de Sémonville]. — Monsieur Lebourg, 2 états. — Pigou,
2 variantes dont une de l'époque révolutionnaire. Ens. 7
pièces.

154. [Clérot]. — J. J. Philippe Dudouet. — Guillebon, médecin. Gravé par *Jacque fils*. — Le Couteulx. — Le Bourg,
2 états. — Jacques Merlet. — [Quentin de Richebourg] marquis de Champcenetz. Ens. 8 pièces.

155. Descamps (J. B.). Gravé par *N. Le Mire*. — Héram-
bourg. Gravé par *Gouël*, 1777. — De la Luzerne. — [Lan-
glois de Creteville]. — [Picquefeu]. — B. Pontus. Ens. 6
pièces.

156. De Lisle (Comte de). Deux états, dont un très rare, avec
crosse et mitre.

157. Du Resnel (Jean-François), Abbé de Sept-Fontaines, de
l'Acad. française. — Mis Foache. — Comte de La Luzerne,
2 variantes. — [Languedor, marquis de Becthomas]. — Notre-
Dame de Bellosanne. — J. P. Pinel. — J. Ronssin à Rouen.
Gravé par *Jacques*. Ens. 8 pièces.

158. Eurre (L. D').

159. Fréval (D. D. de). Gravé par *Debey*. Deux états.

160. Gaillard (Etienne), chanoine de Rouen, 2 formats. — Gabriel de GLATIGNY. — [JUBERT DE BOUVILLE]. — [LA BONDE d'HYBERVILLE]. — [MOTTEVILLE]. — [MATIGNON], comte de THORIGNY. — F. PERCHEL. Gravé par *Gouël*. Ens. 8 pièces.

161. Mesnildot (Le chevalier de).
Rare.

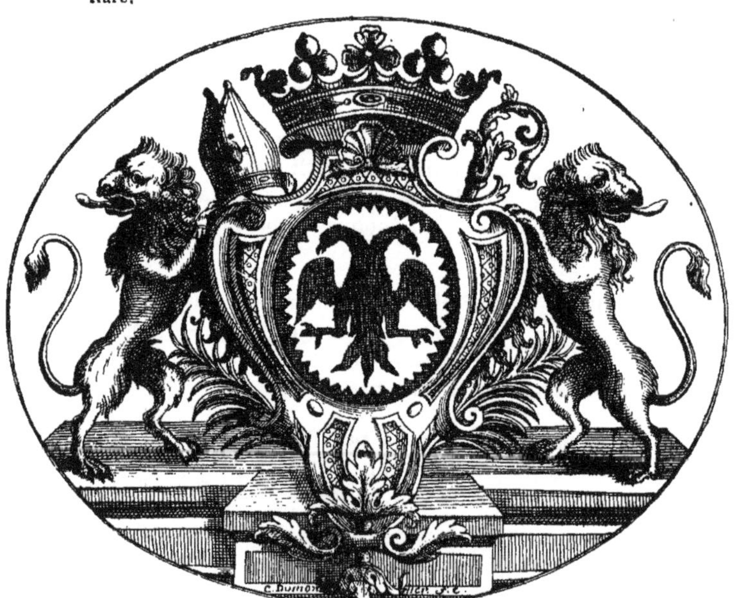

RIOULT D'ESTOUY, abbé de Morimont.
Nᵒ 162 du Catalogue.

162. [Rioult d'Estouy], abbé de Morimont. Gravé par *C. Dumonstier*.

Voir reproduction ci-dessus.

ORLÉANAIS

163. Badoux (François), 1698.

164. Fougeroux de Secval, ancien capitaine des vaisseaux du roi, etc.

Jolie pièce.

165. [Huet d'Embrun]. Ex-libris Castelli Villiacei. — Pelée de Varennes (de Montargis). — [Perrin de Cypierre]. Bibliothèque de Chevilly. — [Séguier]. Gravé par *Branche*. — Tassin Baguenault. Ens. 5 pièces.

166. Thiroux d'Arconville, président au Parlement. Gravé par *Le Daulceur*, d'après *H. Gravelot*.

PICARDIE

167. [Berbier] du Metz. — Jean-de-Dieu Dehaussy, 2 variantes. — Le Boucher de Richemont. — A. J. Porchon de Bonval, à Cannettecourt. Ens. 5 pièces.

168. Blondel, Maître des Requêtes, Intendant du commerce. — Desains, notaire à St-Quentin. — A. J. Porchon de Bonval. — Poulletier, gendarme de la Garde ordinaire du Roi à Compiègne, 1772. — Poultier. Ens. 5 pièces.

169. Chaulnes (Du Cabinet de). — Desains, notaire à St-Quentin. — D. Formentin « *ad. re. abbavillen.* » — Poultier. — [Pingré]. — Pingré de Fricamps. Ens. 6 pièces.

170. Choquet (peintre abbevillois). — Paul Plantard de Flibeaucourt. — [Toullet de Maison]. Gravé par *Louise du Vivier Tardieu*. Ens. 3 pièces.

171. [Danré d'Armancy], 2 variantes. — Abbé Fauvel. — D'Hespel de Flencques. — Lallemant de Betz. — [Titon d'Orgery]. Épreuve avant la banderolle. Ens. 6 pièces.

172. Bousselin (Eustache), conseiller du Roy, controlleur Général du Marc d'Or des ordres de Sa Majesté. Pièce rare.

173. **Cottin** (HenryDaniel). — Cottin de Fontaine. Gravé par Guillaume. — J. Ducasse, seigneur d'Apilly et Marvilliers. — Pantaléon Pingré de Fricamps. Ens. 4 pièces.

174. **Crozat**, baron de Thiers, marquis de Moy en Picardie. Gravé par *F. Boucher*.

> Superbe ex-libris. L'armoirie de Crozat est accolée à celle de Montmo-rency-Laval.

175. **[Desmaretz de Maillebois]**, en Soissonnais. Gravé par *Delafosse*.

176. **[Hibon de Mervoy]**. — L. Desforges (laonnois). — Le Boucher de Richemont. — Paul Plantard de Flibeaucourt. Ens. 4 pièces.

177. **[La Mothe-Houdancourt]**. Petit ex-libris gravé sur bois. Rare.

178. **Latteignant** (De). 2 pièces différentes.

179. **Saisseval** (M. le marquis de). Gravé par *Traiteur*, 1772.

POITOU — SAINTONGE

180. **Académie royale de La Rochelle.** — [Duc de La Tré-moille], 2 variantes. — Le Comte de Luzignem. Gravé sur bois. Ens. 4 pièces.

181. **Harouard de St-Sornin** (Fr. H.). — P. E. L. Harouard de La Jarne, Licut. Génér. de l'Amir. de La Rochelle. — [Duc de La Trémoille]. — Le comte de Luzignem. Gravé par *Beugnet*. — Fr. Mouchard, de La Rochelle. 1732. Ens. 5 p.

PROVENCE

182. **[Beausset (Marquis de)]**. Pièce ovale, très rare.

183. [**Brancas-Cereste de Lauraguais**], 2 variantes. — [Che-
valier de FOLARD], petit format. — A. B. LANAU. — De
PASTORET, 2 variantes. — [VILLENEUVE-VENCE]. Gravé par
Faugrand. Ens. 7 pièces.

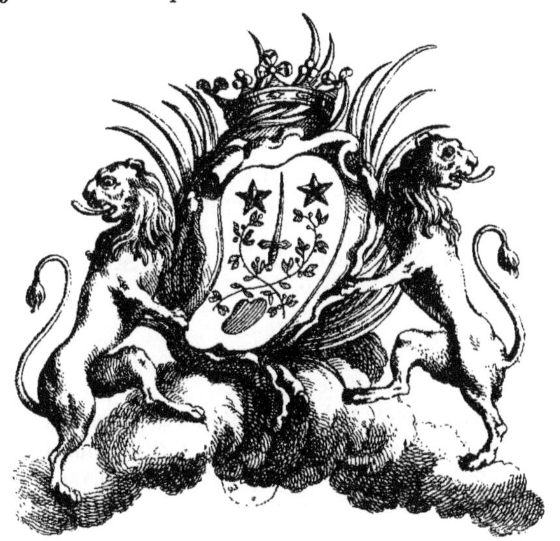

N° 206 du Catalogue.

184. **Fortia** (Marquis de), 3 variantes, une signée *Maurisset*.
— Commandeur abbé GAZZERA. — [LE BLANC DE CASTIL-
LON]. — OBLATS DE MARSEILLE. Ens. 6 pièces.

185. [**De Giraud**]. Gravé par *Berlier*, 1740. — De GLANDÈVES.
— De GLANDÈVES NIOSELLES. — Comte G. M. PORTALIS. —
SÉMINAIRE D'AIX, grand format. — [VILLENEUVE-VENCE]. Ens.
6 pièces.

186. [Guérin de Fuveau]. Petit ex-libris ovale. Rare.

187. Lincel. Curieuse pièce maçonnique gravée par *Brupacher*.

188. [Martelli-Chautard].

189. [Michel de Léon]. 2 variantes. — [MOULINNEUF]. Gravé
par *lui-même*. — J. F. de PAYAN. — A. L. TELLUS, d'Avignon. Gravé par *Veyrier*. 5 pièces.

190. Montmajour (Monastère Saint-Pierre de), congrégation
de St-Maur. Gravé par *Brupacher*. 1765.

191. Salamon (A. L. A.), Secrétaire d'Etat du St-Siège pour
Avignon et le Comté Venaissin.

TOURAINE

192. Baudelot de Rouvray (N.-J.), Capitaine des Bombardiers
du Roy. Gravé par *Corlet*. — L. de CHAUMEJEAN, marquis de
FOURILLE. — PAPION DE TOURS, 4 variantes. — (VOYER D'AR-
GENSON), 2 variantes. Ens. 8 pièces.

193. Luynes (ALBERT, duc de). Gravé par *Roy*. Variante rare
avec 20 drapeaux.

194. — Le même.

PROVINCES DIVERSES

195. [Abadendi]. Gravé par *Sergent*.

Très rare.

196. Anonyme. *D'azur à la bande d'or au chef d'argent.*
Croix de Saint-Louis, ancres marines passées en sautoir
derrière l'écu. Gravé par *Jeanjean*. In-4.

Ex-libris très rare.
Epreuve légèrement rognée.

197. Anonyme. *D'argent à un arbre terrassé de....* Curieuse pièce in-8 oblongue. Vue d'un port au second plan.

198. Anonymes héraldiques. Cinq ex-libris dont un gravé par *Baumès*.

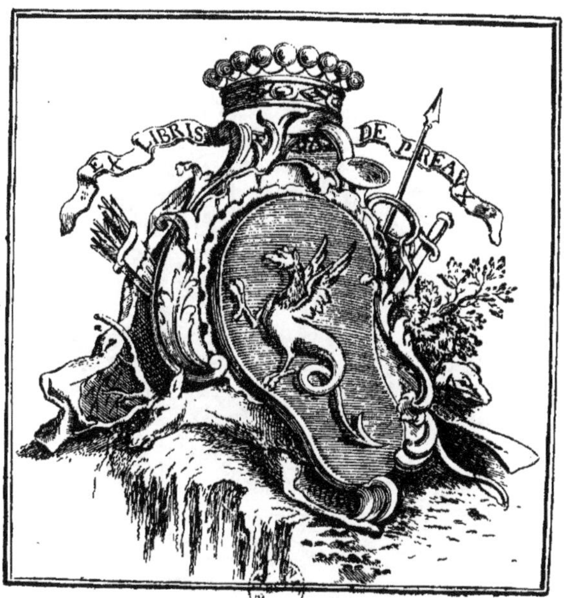

Le Bas de Préaux
N° 211 du Catalogue.

199. Arbanère. — CHESNEAU. — CONTRASTIN DE CABLAN. — [DU PUY]. — J. GUILLOU. — Blaise Gabriel JAMIER. — De PONSAINPIERRE, sgr du Perron. — Anonyme. Ens. 8 pièces.

200. [Ardant de la Grénerie]. Limousin. — BONET DE LA CHAPOULIE]. Périgord. — [COLAS DE MAROLLES]. Orléanais. — [DE LESTANG]. Angoumois. — MARTIN DE LA BASTIDE. Limousin. Ens. 5 pièces rares.

201. Audoy (Pierre). — CHIQUET DE CHAMP-RENARD. Gravé par *Mlle Fonbonne*. — CONTRASTIN DE CABLAN. — G. N. DAVOLLÉ, prêtre. En sanguine. — [D. DUBREUIL]. — DU PONT DE ROMEMONT. — Le commissaire LAUMONIER. Gravé par *A. Docaigne*, 1762. — [MESPLÈS]. — [ORLÉANS-ROTHELIN]. 9 pièces.

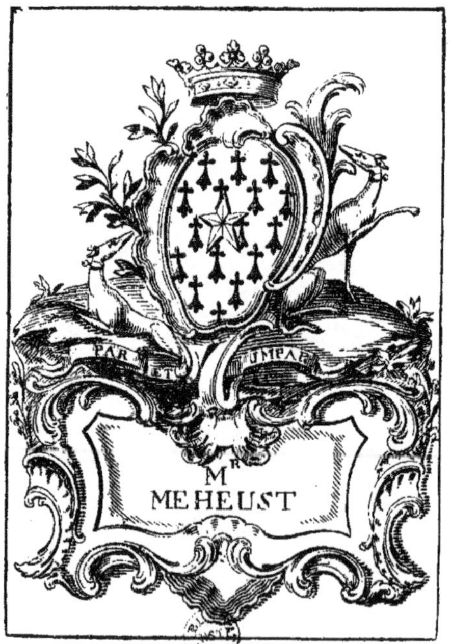

Nᵒ 212 du Catalogue.

202. [Baujan]. Épreuve avec le nom manuscrit au bas.

203. Bidault, gentilhomme de Mgr Comte d'Artois. — CAUSSEMILLE (rare). — Ph. J. FRIES le jeune. — J. A. LE MERCIER, oratorien. — LE VACHER DU PLESSIS. — Comte de RENNEBERG. — L. P. SAUNIER. Gravé par *Chollet*. — TASSIN-BAGUENAULT. — Anonyme. Ens. 9 pièces.

204. [Bourdeaux], en Roussillon. Gravé par *Duflos.*

205. Clavière (L.). 1769. — [DE MANCHE]. — N. F. DE
VILLE. — [J. L. de PHILIP], de Marseille. 4 pièces.

206. Deverduc, conseiller au Parlement, 1740.
Voir reproduction page 29.

207. Duché. Gravé par *De Launay*, d'après *P. Marillier.* 1779.
Belle épreuve d'un des plus jolis ex-libris du xviiiᵉ siècle.

208. Ferrand. Bibliotheca Ferrandiana.

209. Guénin (Charles). Rare.

210. Jaume (Fr. Th.). Belle épreuve avec le papillon mobile
« *Ex Museo Francisci Grognard.* »

211. Le Bas de Fréaux.
Jolie pièce avec attributs cynégétiques.
Voir reproduction page 31.

212. Méheust.
Voir reproduction page ci-contre.

213. Morot (C. A.), prêtre prieur et seigneur de Memers.
Très rare.
Voir reproduction page 34.

214. Saint-Michel (Religieux cénobites de).
Curieuse pièce gravée à l'eau-forte et représentant l'Archange Saint-
Michel terrassant le Dragon.

DAMES

215. Broglie (Madame la Marquise de), née BESENVAL. — [Ma-
dame GEUFFRIN, née DE LA HAYE DES FOSSES]. Deux pièces.

216. Campan (A Madame).

Voir reproduction page 38.

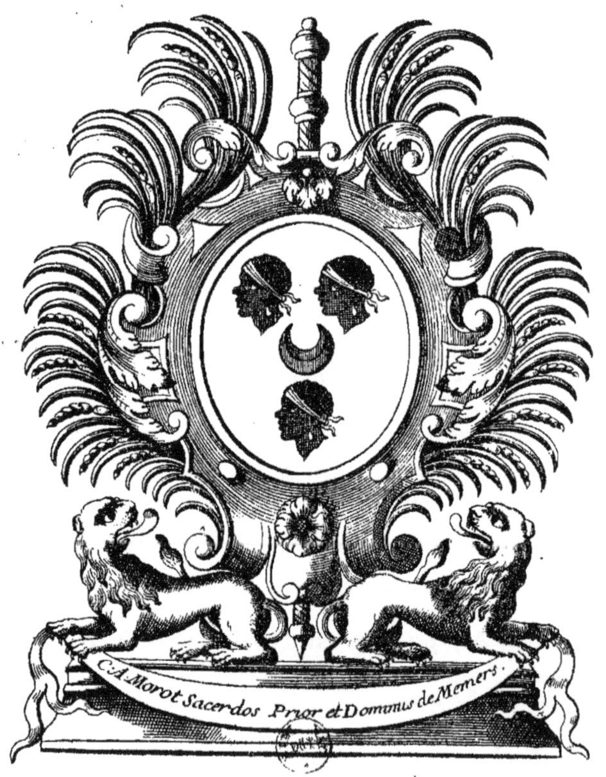

N° 213 du Catalogue.

217. Des Courtils (Comtesse). 2 états. — De LINARS, née
MANESSIER. — [Duchesse de MONTMORENCY-LAVAL, née de
MONTMORENCY-LUXEMBOURG]. — Marquise de POLIGNAC, née
Marie-Louise de LAGARDE. Epreuve coloriée. — Miss ROOKE's.
Ens. 6 pièces.

218. **Fleury** (Marquise de), née Du Bois de Courval. — Comtesse de Jonsac, née de Colbert. — Comtesse Le Tellier de Courtanvaux, née de Boisgelin. — Madame de Vassal. Ens. 4 pièces.

219. **Fuligny-Damas** (Madame de), comtesse de Rochechouart, née de Pons-Rennepont. Jolie pièce gravée par *Roy*.

220. **Maintenon** (Marquise de). Marque pour la bibliothèque de la Maison Royale de Saint-Cyr. Variante avec les initiales M. G. *(Maîtresse Générale)*.

221. **[Rohan-Guéméné]** (Princesse de), née de Rohan-Soubise.

    Voir reproduction sur la couverture du catalogue.

222. **Roland de Challerange** (Mme), conseillère au Parlement. Belle épreuve.

223. **Vintimille** (Mme de), (née de Talbot de Tyrconnel).

MILITAIRES

224. **Albert** (D'), officier de la Marine. — [Albert de Luynes] ; bibliothèque de Dampierre. — Vicomte de Bourbon-Busset, Commandant le Régiment d'Artois-Cavalerie. Gravé par la *femme Jourdan*, 1783. Ens. 3 pièces.

225. **Bercheny** (Bibliothèque du Maréchal Comte de). Variante avec le texte manuscrit. — Gontier Chʳ d'Auvillars. — De Henin de Cuvilliers, maréchal de camp, etc. Ens. 3 pièces.

226. **Braux** (M. de), Capitaine au Régiment d'infanterie de la Reine. Gravé par *Nicole fils*, 1759.

227. Cuzieu (M. de), Capitaine de Cavalerie. — Le Tellier de Courtanvaux, 2 états. — Anonyme (*d'or au lion de gueules chargé d'un lambel d'azur*), nombreux attributs militaires. — Anonyme, croix de St-Louis. Ens. 5 pièces.

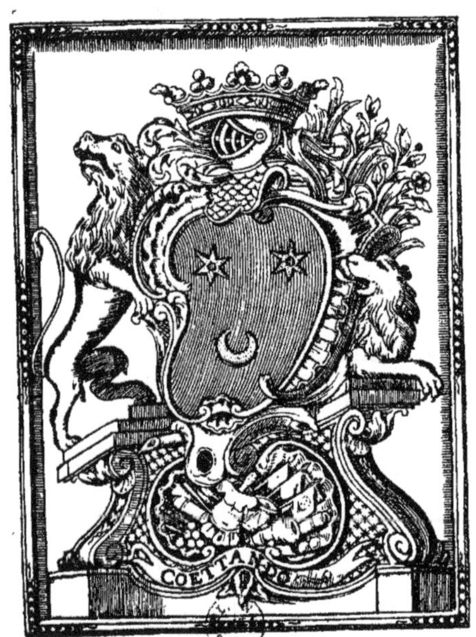

Le Roux de Coettando.
N° 229 du Catalogue.

228. Lacoste (Le Ch^r de). Attributs militaires.

229 [Le Roux de Coettando] (Bretagne).

Bel ex-libris avec attributs militaires.
Voir reproduction ci-dessus.

230. Wignacourt (Le Comte de), major du Régiment Mestre de Camp de la Cavalerie. Gravé par *Allin*. Petit format.

ÉTRANGER

231. ALLEMAGNE. — Ad Bibliothecam Ambrosianam. — Comte de Borch. — [Hochreuter]. — J. G. J. de Kohausen de Buschendorf. — [Leonrodt]. — [Madaï]. — Cajetani de Wegry-Wegierski. Etc. 9 pièces.

232. — **Stenglin** (Von). Gravé par *J. W. Meil*, 1763.

> Belle épreuve.

233. SUISSE. — I. Justin Bourgeois, 1768. — [Chambrier]. — Des Arts. — Fr. Ch. L. B. ab Eberstein (Bâle). — Jean de Muralt. — Etienne Naville. Ens. 6 pièces.

234. SUÈDE. — [Ungern-Sternberg].

235. LUXEMBOURG. — [Marchant], 2 variantes.

236. GRANDE-BRETAGNE. — Earl Stanhope, 3 variétés. — Wyndham. — Gallas, gravé par *Polak*. — Duc de Norfolk. — Le Mesurier. — Etc. 9 pièces.

237. DIVERS. — Duc de San Carlos. — De Boutourlin. — Linati (Jolie pièce avec le portrait du titulaire). — C. H. a Roy, médecin. — Marquis d'Angeja. 6 pièces.

238. ITALIE. — Comte d'Envie (Attributs militaires). — F. Durandi, Comte de Villa. — J. Gerinibo Bonciani. — [Magnocavalli]. — Comte de San Martino della Motta. — San Martino, Comte d'Aglié. — L. M. Tettoni, chanoine de Novarre. Ens. 7 pièces.

XIXᵉ SIÈCLE

239. Ex-libris non héraldiques, vignettes artistiques. 42 pièces.

> Prince Roland BONAPARTE. — Philippe BURTY, par *Bracquemont.* — CHABRE, par *Willette.* — Henry HOUSSAYE. — Etc.

240. — Autre lot. 40 pièces.

> Général de GALIFFET. — Francisque MICHEL. Gravé par *Boisselat* (Romantique). — Arthur MEYER. Gravé par *Stern.* — RUGGIERI, artificier. Etc.

241. Ex-libris armoriés. 60 pièces.

> M. de BARBEREY. — Comte de BUTLER. — MOLÉ DE CHAMPLATREUX. — LA BOUCHÈRE. — Comte de PIOLENC. — SAINT ROME-GUALY, Evêque de Carcassonne. Etc.

242. Ex-libris armoriés. 50 pièces.

> De CHAUVENET, gravé par Ancelet. — De COURSON. — LE BOURGUIGNON DU PERRÉ. — S. S. POTOCKI. — Lord SOMERS. — Marquis de VALADOUX. Etc.

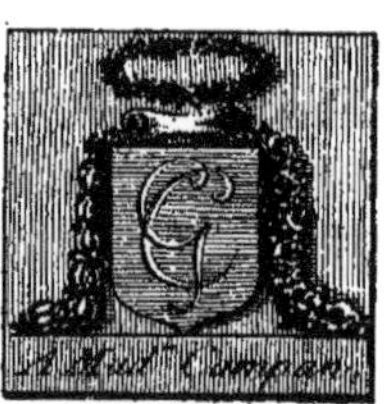

Nº 216 du Catalogue.

LA ROCHE-SUR-YON

IMPRIMERIE CENTRALE DE L'OUEST

56-60, RUE DE SAUMUR, 56-60

9 782329 549811